AF611282

JOURNAL DE CAMPAGNE

DE

CLAUDE BLANCHARD

COMMISSAIRE DES GUERRES PRINCIPAL AU CORPS AUXILIAIRE ENVOYÉ EN AMÉRIQUE

SOUS LE COMMANDEMENT

DU LIEUTENANT GÉNÉRAL COMTE DE ROCHAMBEAU

(1780-1783)

PAR MAURICE LA CHESNAIS

PARIS

BUREAUX DE LA REVUE MILITAIRE FRANÇAISE

11, RUE SAINT-DOMINIQUE, 11

1869

Extrait de la REVUE MILITAIRE FRANÇAISE.

JOURNAL DE CAMPAGNE

DE

CLAUDE BLANCHARD

COMMISSAIRE DES GUERRES PRINCIPAL AU CORPS AUXILIAIRE ENVOYÉ EN AMÉRIQUE

SOUS LE COMMANDEMENT

DU LIEUTENANT GÉNÉRAL COMTE DE ROCHAMBEAU.

(1780-1783.)

« J'ai été employé pendant trois ans, en ma qualité de commissaire principal des guerres, auprès du corps de troupes que M. de Rochambeau avait conduit au secours des Américains. Pendant toute cette guerre, j'ai écrit presque chaque jour, à dater de notre départ de Brest, les événements dont j'ai été témoin et ceux qui me sont personnels. Ce journal est assez mal en ordre ; et actuellement que j'ai du loisir (messidor an II de la République), je vais le mettre au net sans rien changer d'important au style et au fond. Je n'écris d'ailleurs que pour moi et pour tirer parti de mon oisiveté. »

C'est ainsi que débute un manuscrit complétement inédit et inconnu, qui paraît mériter d'être signalé et tiré de l'oubli. L'auteur de ce journal, le commissaire des guerres Blanchard, devenu plus tard ordonnateur en chef, venait d'être destitué de ces dernières fonctions par le gouvernement de la Terreur et sous le coup de poursuites qui, à ce moment (à la veille de la chute de Robespierre) étaient presque toujours un arrêt de mort, il se tenait caché à Paris. Tel est le loisir dont il parle dans le passage cité plus haut, loisir fort court, au reste, et qu'il occupa de la manière qu'il indique, à revoir ses notes d'autrefois et à rassembler ses souvenirs personnels de cette expédition d'Amérique, restée chère à tous ceux qui en firent partie. Puis bientôt, rendu au service actif, l'ordonnateur Blanchard ne pensa plus, dans une carrière remplie par les guerres du temps, au manuscrit qu'il ne destinait, d'ailleurs, à aucune publicité, et qui après sa mort, arrivée en 1803, est resté oublié parmi des papiers de famille, comme tant d'autres documents ou perdus ou encore inconnus. Cependant, mis en regard des ouvrages publiés sur les événements qu'il retrace, ce journal, qui date aujourd'hui de quatre-vingt-dix ans, a certainement sa valeur propre et son intérêt spécial. Il résulte des premières lignes du manuscrit, reproduites en tête de cet article, que M. Blanchard a écrit au courant de la plume pour sa seule satisfaction et par une inclination naturelle à noter ce qu'il voyait, sans penser à faire ni livre d'histoire ni mémoires. Or c'est là précisément une excellente disposition de sincérité, et notre époque aime et recherche de préférence à toutes autres ces causeries sans apprêt, lorsqu'elles s'appliquent comme ici à des situations intéressantes du passé.

L'auteur de cet écrit avait environ quarante ans lors de la guerre d'Amérique. Complétement oublié aujourd'hui, il a marqué cependant quelque peu en son temps, et il figure dans les *Biographies universelles* du commencement du siècle. Né à Angers le 16 mai 1742 et issu d'une famille de cette ville anoblie par l'échevinage, il débuta, en 1762, dans les bureaux de la guerre sous les ordres d'un de ses parents, M. Dubois, « chef des bureaux de la guerre et secrétaire général des Suisses et Grisons (1). » Nommé commissaire des guerres en 1768, il fit en cette qualité la campagne de Corse, où il resta dix ans. Commissaire principal en 1780, il accompagna le général de Rochambeau en Amérique. En 1788, commissaire ordonnateur à Arras, il est appelé l'année suivante au commandement de la garde nationale de cette ville, dont il devint bientôt avec Carnot, alors inconnu, le représentant à l'Assemblée législative. Dans cette Chambre, M. Blanchard joua un rôle modeste, mais actif et utile, et il est, avec Lacuée et Matthieu Dumas, le rapporteur habituel des questions militaires. Destitué par le comité de salut public, il remplit ensuite successivement les fonctions d'ordonnateur en chef à l'armée de Sambre-et-Meuse, à celle de l'intérieur, à l'armée batave, et enfin à l'hôtel des Invalides, où il mourut laissant la réputation d'un administrateur « remarquable par ses talents et ses vertus » (2). Le premier consul, en apprenant sa mort, en exprima hautement ses regrets, d'après un témoignage du général Lacuée. Blanchard, âgé alors seulement de soixante ans, était déjà le doyen du corps des commissaires des guerres (3).

Le journal de M. Blanchard donnera une idée plus précise

(1) Ainsi désigné dans les almanachs royaux de 1762 à 1768. Il eut pour successeur, dans l'emploi de secrétaire général des Suisses et Grisons, l'abbé Barthélemy, l'auteur du *Jeune Anacharsis*.

(2) Ces termes sont empruntés à la lettre du général Berruyer, gouverneur des Invalides, annonçant au ministre la mort de l'ordonnateur.

(3) Claude Blanchard eut un fils qui fut lui-même commissaire des guerres et qui est mort récemment, à l'âge de quatre-vingt-douze ans, à la Flèche (Sarthe). L'auteur de cette notice est l'arrière-petit-fils de Claude Blanchard.

du caractère de l'homme, nature honnête et modeste, d'un sens droit et sûr. Mais quelques mots sont d'abord nécessaires sur les événements dont nous avons à parler et sur les écrivains qui les ont racontés de première main.

La lutte violente des colonies anglaises contre la métropole commence en 1774 ; la proclamation de l'indépendance des Etats-Unis, dont le centenaire approche, est du 4 juillet 1776. A bout de ressources, les Américains allaient succomber ; la France les soutient et la guerre s'engage avec l'Angleterre par le combat d'Ouessant (17 juin 1778). Ce fut d'abord une guerre navale qui se développa sur toutes les mers ; puis les Américains, faiblissant sur le continent, la cour de France, à la demande du Congrès, se décida à l'envoi de secours en argent et d'un corps auxiliaire qui fut généreusement subordonné et placé sous la direction supérieure du général Washington.

Cette guerre, glorieuse sur mer, et qui releva notre marine, cette réapparition du drapeau blanc dans le nouveau monde, d'où la guerre de Sept ans l'avait exclu (1), cette part enfin prise par la France à l'indépendance des Etats-Unis et à la fondation d'une nation destinée à un si grand avenir, sont des faits d'une importance hors ligne et qui sont restés populaires comme ils le furent au moment où ils se produisirent. Toutefois les détails en restent généralement peu connus ; et notamment la campagne du corps expéditionnaire débarqué en Amérique, et qui mit directement en contact les soldats de la vieille France et les milices de la

(1) Le traité de Paris (1763) avait enlevé à la France le Canada et la Louisiane.

jeune république, est résumée d'ordinaire en quelques lignes dans les grandes histoires (1). Cela vient sans doute de ce qu'aucun livre de quelque valeur n'a traité ce sujet d'une manière spéciale. Il est vrai de dire que la petite armée commandée par le général de Rochambeau eut peu d'occasions de se signaler. Mais si quelques marches efficaces et la prise de la ville d'York, qui dut capituler avec une division anglaise, composent à peu près tout son rôle actif, elle apporta cependant aux Américains un appui moral considérable et un concours effectif aussi puissant qu'opportun, comme on le verra dans la suite de ce récit. La Révolution survenant peu après, puis vingt-cinq années de guerres signalées par tant de campagnes fameuses, effacèrent le souvenir du combat naval de la baie de Chesapeake et de l'assaut des lignes d'York, et détournèrent l'attention de ces faits d'armes, médiocres par le nombre des troupes engagées et si importants par les résultats. En effet ces combats entre quelques milliers d'hommes décidaient du sort d'une des plus puissantes nations modernes et de l'équilibre futur du monde.

Ce ne sont pas d'ailleurs les documents qui manquent sur la campagne d'Amérique ; ils sont au contraire remarquables et curieux. Nos dépôts d'archives doivent posséder intactes les pièces officielles. Quant aux souvenirs individuels consignés dans plusieurs ouvrages publiés à diverses époques, ils forment des sources précieuses où l'on n'a guère puisé encore. Quatre témoins marquants de cette expédition parmi les Français (sans parler des Américains et des Anglais) se sont complu

(1) Le seul historien contemporain est l'abbé de Longchamps, auteur de l'*Histoire de la dernière guerre*, en 3 volumes.

à en rappeler les circonstances et à en évoquer la mémoire, formant la plus noble page ou la plus chère de leur carrière : les *Mémoires du maréchal de Rochambeau* (1809), première source d'informations, sont détaillés, nets et précis, mais sans couleur, sur la campagne qui reste son plus beau titre. Viennent ensuite les *Correspondance et Manuscrits du général La Fayette, publiés par sa famille* (1837), bien que La Fayette ait pris part à la guerre de l'indépendance comme volontaire et général américain en dehors de l'action des forces royales. Les *Souvenirs du comte de Ségur* (1835) et ceux du *comte Matthieu Dumas* (1839), jeunes et brillants aides de camp du général Rochambeau, fournissent aussi sur cette campagne quelques traits à recueillir. Rappelons encore les *Mémoires du duc de Lauzun* (1822), colonel d'un régiment au corps expéditionnaire, et les *Voyages dans l'Amérique septentrionale de M. le marquis de Chastellux* (1786), major général ; cet ouvrage descriptif et anecdotique est fort médiocre, mais le nom de l'auteur, académicien, ami de Voltaire, lui fit, au moment où il parut, un succès de curiosité et de circonstance.

A la suite de ces œuvres diversement curieuses, et sans prétendre à l'intérêt que leur communiquent des noms célèbres, le journal du commissaire des guerres Blanchard (nommé dans chacun des ouvrages que je viens de citer) prendra certainement une place honorable. Il se distingue par une grande exactitude, la variété des renseignements et l'individualité sympathique de l'auteur. Consacré d'ailleurs seulement à l'expédition d'Amérique, il est plus développé naturellement sur ce sujet spécial que les livres destinés à embrasser une vie entière.

Nous laissons maintenant la parole au journal.

« M. le comte de Rochambeau, lieutenant général des armées, ayant été nommé pour commander un corps de troupes destinées à s'embarquer, sans que l'on sût positivement où elles se rendaient, me fit employer pour servir auprès de ces troupes en ma qualité de commissaire des guerres.

« Je me rendis en conséquence à Brest le 20 mars 1780. M. de Tarlé, commissaire ordonnateur, faisant les fonctions d'intendant auprès de ce corps de troupes, n'y arriva que huit ou dix jours après ; il m'apporta une commission de commissaire principal. M'étant trouvé seul à Brest, je travaillai avec les généraux de terre et de mer pour l'embarquement de tous les effets et approvisionnements nécessaires aux troupes après leur débarquement. La marine n'ayant pu fournir un nombre suffisant de vaisseaux de transport, on fut obligé de laisser en France les régiments de Neustrie et d'Anhalt, qui étaient d'abord destinés à s'embarquer, ainsi que 2 ou 300 hommes de la légion de Lauzun. On n'embarqua que 5 000 hommes, savoir : les régiments de Bourbonnais, de Soissonnais, de Saintonge, Royal-Deux-Ponts, environ 500 canonniers et 600 hommes de la légion de Lauzun, dont 300 destinés à faire une troupe à cheval. Ces troupes, leurs effets, l'artillerie et autres objets nécessaires à une armée furent embarqués sur 25 à 30 vaisseaux de transport ou gabares ; ils étaient escortés par 7 vaisseaux de guerre et 7 frégates. *Le Fantasque*, vieux vaisseau, était armé en flûte et destiné à servir d'hôpital ; on y avait embarqué le trésor, la grosse artillerie et beaucoup de passagers.

« Tous les officiers généraux couchèrent à bord le 14 avril ;

*

j'y fus aussi et je m'embarquai sur *le Conquérant*, commandant La Grandière.

« Voici les noms des personnes principales qui composent notre armée :

« MM. le comte de Rochambeau, lieutenant général, commandant en chef ;

« Le baron de Viomênil, le comte de Viomênil, le chevalier de Chastellux, maréchaux de camp (ce dernier fait les fonctions de major général) ;

« De Béville, brigadier maréchal général des logis (de Choisy, brigadier, n'arriva que le 30 septembre) ;

« De Tarlé, commissaire ordonnateur faisant les fonctions d'intendant ;

« Blanchard, commissaire principal ;

« De Corny, de Villemanzy, commissaires des guerres ;

« Gau, commissaire d'artillerie ;

« D'Aboville, commandant en chef l'artillerie ;

« Désandrouins, commandant les ingénieurs ;

« Daure, régisseur des vivres ;

« Demars, régisseur des hôpitaux.

« Il y avait encore d'autres régisseurs pour les fourrages, pour la viande, etc., en général beaucoup trop d'employés, surtout en chef ; tout cela était du goût de M. de Veymérangers, qui avait fait la composition de notre armée pour ce qui regarde l'administration, homme intelligent, mais porté à la dépense et au luxe, et qui avait besoin d'être surveillé.

« MM. de Ménonville et le chevalier de Tarlé, frère de l'intendant, étaient aides-majors généraux ; MM. de Béville fils et Collot étaient aides-maréchaux généraux des logis.

« M. de Rochambeau avait pour aides de camp MM. de Fersey, de Damas, Charles Lameth, Closen, Mathieu Dumas, Lamberdière, de Vauban et Cromot-Dubourg.

MM. de Vioménil en avaient aussi plusieurs, parmi lesquels MM. de Chabannes, de Pange, d'Olonne, etc.

« Ceux de M. de Chastellux étaient MM. Montesquieu, petit-fils du président, et Lynch, Irlandais.

« Les colonels étaient :

« Pour le régiment de Bourbonnais : le marquis de Laval, le comte de Rochambeau, en deuxième (fils du général en chef);

« Pour le Royal-Deux-Ponts : MM. de Deux-Ponts, frères;

« Pour le Saintonge : MM. de Custine, le vicomte de Charlus, fils de M. de Castries ;

« Pour le Soissonnais : MM. de Sainte-Mesme, le vicomte de Noailles ;

« Pour la légion de Lauzun : le duc de Lauzun, M. de Dillon (1). »

J'ai reproduit cette page parce qu'elle fait connaître, d'une part, la composition d'un état-major de corps d'armée au siècle dernier, puis aussi en raison des noms qui s'y trouvent. Ce sont ceux de la première noblesse de France qui se jeta avec enthousiasme dans cette expédition, qu'on a appelée la *croisade du dix-huitième siècle*.

Parmi les compagnons d'armes de M. Blanchard, dont les noms reviennent souvent dans son journal, plusieurs,

(1) Cette première expédition comprenait environ 5000 hommes; elle fut suivie un an après de l'envoi d'un second corps de troupes de 3000 hommes, pris aux colonies des Antilles, mais qui resta peu de temps en Amérique. Il était sous les ordres de MM. de Saint-Simon et d'Autichamp.

jeunes alors, étaient destinés à la célébrité. Sans parler des deux généraux déjà illustres, Rochambeau et La Fayette, du chevalier et plus tard marquis de Chastellux, connu par sa liaison avec les encyclopédistes, mort en 1788, faut-il citer : Biron (le duc de Lauzun) et Custine, ces généraux de la République que rapproche la même fin tragique ; le prince de Broglie, maréchal de camp à l'armée du Rhin, traduit devant le tribunal révolutionnaire et exécuté en 1794 ; le comte de Dillon, général en 1792, faussement accusé de trahison, massacré par ses troupes, et auquel la Convention, reconnaissante de son dévouement, décerna les honneurs du Panthéon ; Pichegru, à ce moment simple artilleur ; le vicomte de Noailles, qui, dans la nuit fameuse du 4 août, proposa le premier l'abolition des droits féodaux (il avait un bel avenir militaire, lorsqu'il succomba aux suites d'une blessure reçue pendant l'expédition de Saint-Domingue). A côté de ces hommes dont la mort trancha si vite la destinée, nous en trouvons d'autres qui fournirent de longues et illustres carrières : Berthier, alors officier subalterne, futur maréchal de France, ministre de la guerre, prince de Wagram et de Neufchâtel, etc.; le comte de Ségur, général, diplomate, historien, et dont le fils, également illustre et qui vit encore, est l'auteur de la *Campagne de* 1812, ce récit ému d'un témoin ; Matthieu Dumas, général, administrateur habile, écrivain militaire estimé, pair de France en 1830 ; Aubert-Dubayet, sous-officier au corps expéditionnaire, ministre de la guerre sous la République (1); le duc

(1) Duportail, maréchal de camp, qui fut ministre de la guerre pendant

de Damas, compagnon fidèle des Bourbons pendant l'exil; Charles de Lameth, homme brillant de parole et d'épée, député à l'Assemblée constituante, lieutenant général en 1814, député et pair de France ; le comte de Vauban, aide de camp du comte d'Artois, combattant de l'armée de Condé et de Quiberon ; le duc de Castries, mort en 1842, pair de France, etc.

Le 9 juillet 1780, après soixante-neuf jours de traversée, la terre d'Amérique fut signalée à bord de l'escadre portant le corps d'expédition. Toutefois le débarquement ne s'opéra à Newport, dans l'île de Rhode-Island, que plusieurs jours après.

« Le 12, les troupes ne débarquèrent point encore ; il y eut même une défense expresse de se rendre à terre, et je n'en eus la permission que le soir à quatre heures. Je mis donc pied à terre à Newport ; cette ville est petite, mais jolie ; les rues sont droites et les maisons, bien qu'en bois pour la plupart, d'une forme agréable. Le soir, il y eut une illumination. Un habitant m'invita à venir chez lui et me traita fort bien ; j'y pris du thé qui fut servi par la fille de mon hôte... »

Les allées et venues et les occupations spéciales du commissaire des guerres, en même temps que les incidents de la vie de campagne, commencent à dater de ce jour pour M. Blanchard. Dans une armée en campagne, le rôle de l'intendant le met certainement à la meilleure place pour observer, s'il en a le goût, sinon les opérations militaires, du moins le pays étranger où la guerre l'a conduit. D'après ses fonctions mêmes, il doit s'informer des ressources de toute

quelque temps, à la fin de 1790, fit la campagne d'Amérique comme volontaire au service des États-Unis.

nature qui s'y trouvent, voir l'habitant, avoir avec les populations, qu'elles soient amies ou ennemies, les rapports les plus divers. De là doit résulter une grande variété d'impressions et de remarques que nous trouvons en effet dans le journal.

A peine débarqué, M. Blanchard est chargé d'une mission auprès de l'Assemblée de l'Etat de Boston, à laquelle il devait demander le concours immédiat des troupes provinciales dans le cas d'une attaque des Anglais contre Rhode-Island, que l'on prévoyait. Il a pour le conduire un dragon allemand, au service de l'Amérique, avec lequel il cause en latin. Boston, dont la population presbytérienne descendait de quelques partisans de Cromwell émigrés en Amérique, était le centre encore frémissant de l'indépendance. M. Blanchard y voit quelques-uns des hommes marquants de la révolution : le docteur Cooper, John Adams, Hancook. Il décrit l'aspect général de la ville, qui lui rappelle Angers. Il rencontre deux habitants qui portent le même nom que lui : ce sont les descendants d'anciens réfugiés de l'édit de Nantes, devenus en moins d'un siècle complétement Américains.

L'expédition d'Amérique dura de juillet 1780 à décembre 1782, soit deux ans et demi, qui nous semblent bien peu remplis : il est certain qu'on n'allait pas alors aussi vite qu'aujourd'hui et que personne ne paraissait pressé. C'est notre Révolution qui a imprimé au monde une allure si vive. Le corps de 5 000 hommes du général Rochambeau, lorsqu'il débarqua en Amérique, ne comptait pas moins de 800 malades, chiffre effrayant, presque le cinquième de l'effectif. Les fatigues de la traversée et la mauvaise nourriture de bord en étaient cause. Au reste, nous voyons par un autre fait analogue, rapporté par M. Blanchard, qu'une telle proportion de malades après une traversée était pour ainsi dire normale. Il fallut donc d'abord remettre l'armée en santé, et, pour cela, elle resta une année entière immobile à Rhode-Island, sauf une expédition de la flotte, portant un corps de débarquement, expédition qui donna lieu au combat naval de la baie de Chesapeake. Enfin l'armée se mit en marche pour faire sa jonction avec Washington et La Fayette, et, secondée par la flotte de M. de Grasse, chef d'escadre, qui débarqua un nouveau corps de 3 000 hommes, on procéda de concert à l'investissement de la ville d'York, dans laquelle le général anglais Cornwallis (1) se trouva enfermé et bientôt forcé de capituler. La petite armée française passa en Virginie, aux environs d'York, son second hiver d'Amérique. En 1782, elle remonta vers le nord, menaça New-York, la dernière ville occupée par les Anglais, et se rembarqua à la fin de 1782.

Tel est le cadre dans lequel viennent se grouper les souvenirs du commissaire des guerres. Ces deux longues marches à travers toute l'Amérique, du nord au sud, puis du sud au nord, sont particulièrement propres à fournir au récit. Soit avec l'armée, soit le plus souvent seul et allant en avant pour préparer les hôpitaux et les fours de campagne, double service dont il était chargé, M. Blanchard visite les principales villes des Etats-Unis, Philadelphie, Baltimore, Hartford, Fredericksburg, Williamsburg, Wil-

(1) Cornwallis, général habile, quoique malheureux en cette occasion, était prisé très-haut par Napoléon Ier.

mington, Alexandrie, Providence, etc. Philadelphie, la plus considérable et le siége du Congrès, comptait alors 35 000 habitants; elle en a 700 000 aujourd'hui. Tout village, toute station, traversés par M. Blanchard, sont notés et décrits : c'est souvent l'embryon de villes actuellement florissantes. A chaque pas, cet aspect d'autrefois, enregistré sur le carnet de l'officier français, les maigres essais d'une agriculture dans l'enfance, les défrichements à leur début, les plantations primitives, les routes et les travaux publics à peine ébauchés éveillent le contraste entre ce qui était alors et ce que l'on voit aujourd'hui, et font mesurer le labeur prodigieux accompli depuis lors. De même aussi un intérêt particulier s'attache pour le lecteur américain aux noms cités de plusieurs familles chez lesquelles le commissaire des guerres trouva soit simplement le gîte imposé aux habitants, soit quelquefois l'hospitalité empressée, et dont les arrière-petits-fils existent peut-être encore aux mêmes lieux (1). Lorsque nos troupes marchèrent sur York, elles traversèrent précisément cette partie de la Virginie que la lutte de la sécession a marquée de ses traces sanglantes; et l'on se plaît à retrouver plusieurs noms de localités communes aux deux guerres, dans ce récit qui semble retracer un temps et des événements si éloignés, et qui n'a pas un siècle. Déjà apparaissaient quelques signes précurseurs de tendances divergentes entre les populations du Nord et celles du Midi, et le passage

(1) « Nous logions chez les Américains, mais nous ne leur demandions que le couvert. Chaque officier menait avec lui ses provisions, ses ustensiles, un lit, des draps; et nous n'occasionnions aucune dépense à nos hôtes. J'avais pour mon compte deux wagons ou voitures couvertes attelées de bons chevaux, et rien ne me manquait. »

suivant du journal s'exprime à cet égard en termes singulièrement nets : « Les habitants de ces provinces du Midi sont très-différents de ceux du Nord, qui, comme je l'ai dit, cultivent eux-mêmes leurs terres. Dans le Midi, ils ont des nègres esclaves qu'ils font travailler comme nos colons dans nos îles, et ils mènent une vie fainéante, ne s'occupant guère que de leur table. En général, ils ne valent ni pour les mœurs, ni pour la probité, les Américains du Nord, et ce sont en quelque sorte deux peuples différents. »

Marchés de vivres, de bois, de fourrages, de transports pour les troupes ; difficultés résultant, pour les transports, du manque de routes et de ponts, et pour les payements, du décri du papier-monnaie américain ; remarques sur la nourriture, l'ameublement, le prix des choses, le chauffage (à grands feux de bois), la qualité des terres et les cultures ; rencontres fréquentes du commissaire des guerres avec des compatriotes réfugiés de l'édit de Nantes (il y avait alors près de New-York un village entier bâti par des Rochellois, appelé New-Rochell et que plusieurs de nos officiers allèrent visiter) : tels sont les sujets habituels du journal, sur lesquels quelques mots précis suffisent pour répandre quelquefois une vive lumière, propre à satisfaire les esprits curieux du détail. L'agriculture et les aspects de la nature sont un des points qui occupent le plus M. Blanchard ; il ne manque pas de nommer les plantes et les arbustes, soit ceux qui lui rappellent la France, soit ceux qu'il ne connaît pas encore. Cette vie de mouvement et d'activité est de son goût. Il fait une fois exploiter un bois pour le chauffage des troupes et il surveille lui-même les travaux : « J'aime les bois, dit-il. J'étais là en quelque façon seul, loin du monde. Je montais à cheval et je menais la vie d'un homme qui habite sa terre. » Cette note intime revient plusieurs fois dans le journal et elle se mêle volontiers à quelques observations naturelles, comme celle-ci :

« Ce jour-là, après mon dîner, me promenant, comme à mon ordinaire, seul dans les bois (non loin de Baltimore), je vis bien distinctement un oiseau-mouche. Je savais qu'il y en avait dans l'Amérique du Nord, et plusieurs personnes en avaient déjà vu ; mais celui-là était le premier pour moi. Je le reconnus aisément d'après la description qu'on m'en avait faite : sa petitesse, sa vivacité, son bec, ses couleurs sont remarquables. Il fait du bruit en volant, et on croirait d'abord voir cet insecte qu'on appelle *demoiselle* dans quelques provinces de France. Il n'est guère plus gros ; il a aussi une manière particulière en volant, c'est de s'arrêter tout court sans battre des ailes. Je le vis se poser sur un arbuste et très-près de moi ; enfin j'eus le plaisir de jouir longtemps de sa vue. »

Il y a accord unanime dans tous les documents relatifs à la guerre d'Amérique pour déclarer que les rapports de nos troupes avec l'armée et la population des Etats-Unis furent excellents, et que la discipline du corps auxiliaire fut remarquable ; enfin chacun paraît avoir rapporté la meilleure impression de cette expédition. L'entraînement universel qui la fit décider en France durait encore ; les Américains étaient à la mode, et les idées nouvelles qui préparaient notre Révolution portaient à regarder avec un intérêt sympathique ces institutions, ces mœurs et ces caractères si différents des nôtres. On retrouve aussi cette disposition, alors générale, chez M. Blanchard, mais sans parti pris, surtout sans exagération, et avec les nuances de critique que lui commande l'exactitude.

A cette époque, le caractère américain annonce déjà, si l'on regarde bien, tout ce qu'il est devenu depuis ; mais les habitudes sont encore très-différentes, et elles contrastent singulièrement avec celles des Américains d'aujourd'hui. C'est ainsi que M. Blanchard, obligé de pratiquer journellement leurs aïeux, les déclare « lents, défiants et manquant de décision en affaires ». Il les montre, en outre, dans les villes mêmes du Nord, à table une partie du jour. « Comme ils ont peu d'occupation, que pendant l'hiver ils sortent à peine et passent des journées entières au coin de leur feu et à côté de leurs femmes, sans lire ni rien faire, c'est une distraction, un remède contre l'ennui que de manger si souvent. »

« Nous avons bien changé tout cela, » répondront les Américains de 1869.

Les mœurs étaient singulièrement pures ou puritaines, et c'est sur cette base que la liberté a grandi. Le journal parle d'une seule femme, dans une ville importante, citée pour quelques galanteries ; encore était-elle Européenne. A travers le récit, on voit çà et là circuler les jeunes filles américaines, déjà en possession, ce semble, de cette liberté et de cette assurance de reines, fondées sur le respect universel, qui sont restées leur privilége. Voici deux jolis traits de mœurs en ce genre :

« Je dînai, pendant mon séjour à Boston, chez une jeune demoiselle américaine où M. de Capellis logeait. Nous avions connu son beau-frère et sa sœur à Newport. C'est un grand contraste avec nos mœurs de voir une jeune demoiselle (celle-ci avait vingt ans tout au plus) loger et recevoir un jeune homme. J'aurai sûrement occasion d'expliquer les causes de cette singularité. »

Une autre fois, à Crampond, c'est la fille de son hôte qui vient tenir compagnie à M. Blanchard dans la chambre qu'on lui avait donnée. « Elle y resta longtemps; quelquefois nous causions. Dans d'autres moments, elle me laissait vaquer à mes affaires, et cela sans gêne et avec une familiarité naturelle et simple. »

C'était le moment où notre dix-huitième siècle, lassé de la corruption de la cour de Louis XV et des hautes classes, rêvait avec le plus d'intensité d'un âge d'or, de mœurs pures et libres. Les Américains semblaient nous offrir la réalisation de ce rêve ; de là leur succès et l'enthousiasme universel en France pour leur cause.

Mais surtout les mœurs publiques de ces populations, qui fondaient si résolûment l'état républicain en face de la vieille Europe monarchique, étaient naturellement, pour les Français de l'ancien régime, le plus intéressant des spectacles du nouveau monde. Le journal abonde, sous ce rapport, en faits et remarques significatifs notés au courant du récit; je me bornerai à quelques citations :

« Les habitants de ces provinces (celles du Nord) sont en général plus affables, plus animés que ceux de la Virginie. Nos troupes, à leur arrivée dans leur camp, étaient assaillies par de nombreuses compagnies de femmes curieuses d'entendre la musique et même de danser quand elles en trouvaient l'occasion, plaisir qu'on leur procurait quelquefois. Ensuite elles retournaient à leur ménage vaquer aux détails domestiques, traire les vaches, faire la cuisine. Pendant ce temps, les hommes labourent et cultivent les champs sans aucune distinction ou inégalité, tous bien logés, bien vêtus ; et eux-mêmes désignent, en raison de leur mérite ou de leur crédit, ceux d'entre eux qui doivent être chefs de milices ou députés aux assemblées. A East-Hartford, j'avais été logé dans une fort jolie maison, très-propre et meublée avec ordre et bon goût; j'avais un lit d'indienne aussi élégant qu'il pourrait l'être en France dans nos maisons de campagne les mieux tenues. Cette maison appartenait à la veuve d'un marchand, qui avait deux filles très-honnêtes et mises parfaitement ; l'une d'elles était fiancée à un cordonnier, propriétaire lui-même d'une fort jolie maison. J'ai fait souvent ces remarques, et on ne peut s'empêcher d'y revenir : la plus grande égalité règne dans ces provinces du Nord; tous les cultivateurs ont des terres qui leur appartiennent; il n'y a pas un individu qui ne sache lire et écrire; enfin on n'y voit pas de paûvres. Voilà comment devraient être tous les Etats. »

« *Nota.* C'est en 1782 que je faisais ces réflexions ; je ne me doutais pas que dix ans après je verrais cette égalité établie en France (1). »

Partout, en effet, M. Blanchard signale cette égalité dans

(1) Cette dernière phrase, écrite au moment le plus sombre de la Terreur et en péril de mort, n'indique t-elle pas des convictions profondes ? Égalité bien tragique d'ailleurs! car elle rapprocha un jour M. Blanchard de la famille royale dans une circonstance digne d'être notée : Au 10 août, lorsque Louis XVI et sa famille, venant chercher un refuge dans la salle de l'As-

l'éducation et ce niveau élevé des habitudes de dignité et d'aisance déjà élégante. Un jour le commissaire des guerres, ayant traité pour un transport de bois avec un riche propriétaire, homme du meilleur ton et frère du célèbre général américain Green, le vit arriver conduisant lui-même ses voitures. Il consigne le fait, le soir, sur son journal, en ajoutant cette exclamation : *Voilà les mœurs américaines!*

En général, les villes, les villages et les maisons de campagne le frappent « par je ne sais quoi de propre qui réjouit. Ils font usage de ces papiers qui servent de tapisserie et ils en ont de fort jolis. Il y a aussi dans beaucoup de maisons des tapis qu'ils mettent dans leurs appartements, même sur leurs escaliers. Les maisons sont, presque sans exception, très-agréables et tenues avec une propreté recherchée, chez l'homme de la campagne, l'artisan, comme chez le négociant, le général. Leur éducation est à peu près la même; ainsi, un artisan est souvent député aux assemblées, où il n'y a pas de distinction, pas d'ordre séparé. J'ai déjà dit que les habitants de la campagne étaient tous propriétaires; ils travaillent eux-mêmes à la terre et conduisent leurs bœufs. Cette manière de vivre, cette douce égalité ont des charmes pour les êtres pensants. »

On reconnaît ici la langue du règne de Louis XVI, un écho de Jean-Jacques et de Bernardin de Saint-Pierre.

semblée législative, furent entassés avec leur suite pendant de longues heures dans une loge étroite, à un moment, le jeune dauphin, qui périt au Temple, étouffant de chaleur, fut descendu de la loge dans la salle même sur les bancs voisins et recueilli sur les genoux du député Blanchard, qui le garda longtemps ainsi.

Nous avons fait la théorie de l'égalité, et souvent en nous berçant de rêves chimériques ; et, il y a cent ans, les Américains l'avaient déjà réalisée pratiquement en lui donnant pour base la participation de tous les citoyens aux bienfaits de l'instruction et de l'éducation, et la considération attachée à tout travail honorable.

Voilà pour l'égalité ; nous trouvons à relever pareillement quelques faits de liberté pratique.

Le corps français traversant la petite ville de Grampond, en Virginie, un Américain demande une indemnité très-élevée pour quelques dégâts occasionnés par les troupes à ses propriétés. Sa réclamation sera examinée. Mais, sans attendre, l'Américain porte sa plainte au juge de la localité, qui, aux termes de la loi, ne peut se dispenser d'envoyer un agent pour mettre en état d'arrestation le commandant des troupes françaises. Cet agent, pour se conformer aux usages juridiques, ayant posé la main, avec force excuses d'ailleurs, sur l'épaule du général de Rochambeau, en présence des troupes alors rassemblées, tous les officiers présents voulurent s'emporter. Mais M. de Rochambeau répondit qu'il se soumettait aux lois du pays et il partit en donnant caution. Cette anecdote, qui est rapportée par le général de Rochambeau lui-même et par le général de La Fayette dans leurs mémoires, est aussi racontée par M. Blanchard, avec cette circonstance particulière que celui-ci se trouva logé peu de jours après chez l'agent de justice auquel fut confiée la mission d'arrêter le général en chef français.

Une procession maçonnique est relatée comme il suit :

« C'était le jour de Saint-Jean, grande fête pour les francs-maçons ; il y en eut une assemblée à Providence. Elle était annoncée dans les papiers publics ; car ces sortes de sociétés sont autorisées. Je rencontrai dans les rues ces francs-maçons réunis en troupes et allant deux à deux, en se tenant par la main, tous revêtus de leurs tabliers, précédés de deux hommes qui portaient de longs bâtons. Celui qui fermait la marche et qui était vraisemblablement le vénérable, avait deux frères à côté de lui, et tous les trois portaient à leur cou des rubans, comme les ecclésiastiques qui ont le cordon bleu. »

Que conclure de ces faits ? C'est, il semble, que les mœurs républicaines ont été antérieures aux États-Unis aux institutions et à la constitution elles-mêmes. Les décisions du Congrès ne firent que ratifier pour ainsi dire un état de choses déjà existant.

Le général Washington apparaît fréquemment dans le récit de M. Blanchard, qui eut quelquefois avec lui des rapports directs. Dès ce moment, pour ceux qui l'approchaient, le commandant en chef des troupes américaines était un grand homme ; personne ne doutait que ce jugement contemporain ne fût confirmé par la postérité. A la suite de la première entrevue de nos généraux avec Washington, M. Blanchard écrit : « Un ton aisé et noble, des vues étendues et droites, l'art de se faire aimer, voilà ce que tous ceux de nous qui le virent remarquèrent en lui. C'est son mérite qui a défendu la liberté de l'Amérique et si elle en jouit un jour, c'est à lui qu'elle en sera redevable. »

En note : « J'écrivais ceci en 1780 ; les Américains ont dû, en effet, leur victoire au courage de M. Washington, à son amour pour son pays, à sa prudence. Il ne s'est jamais démenti, jamais découragé. Au milieu des succès, comme au milieu des revers, il était toujours calme, toujours le même, et ses qualités personnelles ont plus retenu de soldats dans l'armée américaine et procuré de partisans à la cause de la liberté que les décrets du Congrès. »

Il y aurait quelque chose à reprendre, je crois, dans ce jugement à la française, où se voit trop notre tendance de personnifier une cause dans un homme.

Un dîner américain dans la tente de Washington est ainsi décrit :

« Le 29 (juin 1781), je montai à cheval pour voir des baraques qui avaient servi à loger un régiment américain pendant l'hiver, à Fiskill-Landing. Mon projet était d'y établir un hôpital ; je rencontrai en route le général Washington, qui, m'ayant reconnu, s'arrêta et m'engagea à dîner ce jour-là chez lui pour trois heures. Je m'y rendis ; il y avait vingt-cinq couverts occupés par des officiers de son armée et une dame à qui appartenait la maison où logeait le général. Nous dînions sous la tente ; le général me fit mettre à côté de lui ; un de ses aides de camp faisait les honneurs. La table était servie à l'américaine et assez abondamment. Il y avait des légumes, du bœuf rôti, de l'agneau, des poulets, de la salade, des pouddings, de la *pie*, espèce de tourte fort en usage en Angleterre et chez les Américains, le tout servi ensemble. On vous donne sur la même assiette viande, légumes et salade (qui se mange sans assaisonnement ou seulement avec du vinaigre). A la fin du dîner, la nappe est enlevée, et le vin de Madère passe à la ronde, tandis qu'on porte les santés au roi de France, à l'armée, etc. Le général s'excusa sur la chère qu'il me faisait faire, à quoi je répondis que j'étais très-bien chez lui et en Amérique et bien mieux qu'en Corse, où j'étais resté longtemps ; à ce sujet, il me dit que les papiers anglais annonçaient que les Corses allaient se révolter et nous faire la guerre. Je répartis que je n'en croyais rien et que les Corses n'étaient pas dangereux, que d'ailleurs Paoli n'était pas le général Washington. La physionomie du général a quelque chose de grave et de sérieux, mais elle n'est jamais sévère et elle s'adoucit au contraire et s'embellit par un sourire aimable ; il est affable et cause familièrement et gaiement avec ses officiers. J'oubliais de noter qu'au commencement du repas un ministre qui se trouvait à table dit le *bénédicité*, et à la fin les *grâces*. Je sus que M. de Washington (*sic*) avait l'habitude de dire lui-même ses prières à haute voix, lorsqu'il n'y avait pas de ministre à table, ainsi que le font en Amérique les pères de famille, d'après cette idée qu'un général est un père de famille au milieu de son armée. »

Voici une dernière citation, où le héros américain est assez bien mis en lumière à une heure critique de sa carrière :

« Le 24 et le 25 (août 1781), les troupes achevèrent de passer la rivière du Nord ; ce passage était long parce que la rivière est large et qu'on était obligé de la traverser sur des bacs ou radeaux, dont on avait rassemblé un grand nombre. Le 25, je me rendis moi-même sur les lieux et je vis passer beaucoup de troupes et de bagages. Le général Washington s'y trouvait ; on lui avait arrangé une feuillée d'où il examinait tout avec beaucoup d'attention. Il semblait voir dans ce passage, dans la marche de nos troupes vers la baie de Chesapeake, dans notre réunion avec M. de Grasse, il semblait, dis-je, voir se lever une meilleure destinée, alors qu'à cette époque de la guerre, la cause américaine épuisée, à bout de ressources, avait besoin de quelque grand succès qui vînt relever les courages et les espérances. Il me serra la main avec beaucoup d'affection lorsqu'il nous quitta, et traversa lui-même la rivière : il était environ deux heures ; il rejoignit ensuite son armée qui s'était mise en marche le matin. »

En note : « L'événement a justifié cette observation ; car la prise d'York, suite de notre réunion avec M. de Grasse, a fort contribué à la paix et a assuré la liberté de l'Amérique (1). »

Quant au général Rochambeau, choix intelligent et plein de tact de Louis XVI lui-même pour le commandement de cette expédition, entreprise dans des conditions si particulières, il fit estimer dans sa personne, au plus haut point, le caractère français sous ses plus nobles aspects. Les Américains, avant son arrivée, imbus des préjugés anglais, préjugés souvent justifiés au dix-huitième siècle, contre le ton léger et la ré-

(1) Les préliminaires de cette paix, qui consacra l'existence du nouvel État, furent signés le 10 janvier 1783. La nouvelle en arriva en mars suivant à M. Blanchard, à Porto-Cabello (Nouvelle-Espagne), où la flotte qui avait été reprendre nos troupes en Amérique en vue d'une entreprise sur les Antilles anglaises relâchait à ce moment. « La certitude de cette paix, dit M. Blanchard, me causa une grande joie, d'abord parce que je suis citoyen, ensuite parce que j'y vis la fin de mes inquiétudes de famille. La nouvelle fut accueillie avec transport : j'en excepte quelques petits ambitieux grands seigneurs, qui ne songent qu'à eux et à leur fortune. »

putation de fatuité impertinente de notre jeune noblesse, s'étaient d'avance représenté le général français (plusieurs l'ont avoué), comme un homme de cour peu fait à leurs idées et à leurs manières et avec lequel les rapports seraient difficiles en raison de tant de contrastes supposés. Ils virent, au contraire, un type de notre vieille France, qui semblait taillé sur le modèle même de leurs grands citoyens, aimant la justice, cherchant le bien, digne et sérieux. « Il a bien servi en Amérique, écrit notre commissaire des guerres, et il a donné une idée avantageuse de la nation. On s'imaginait un petit-maître français et on trouvait un homme posé, réfléchi. — *Your general is sobrious !* — me disait un Américain à côté de qui je dînais et qui remarquait la modération de M. de Rochambeau en répondant aux nombreux toasts que l'on portait et qui sont l'occasion de boire à la ronde. Il a donné des preuves de modération et de sagesse d'un autre genre. »

Il avait aussi ses défauts et ils sont relevés sans aucun parti pris : un caractère défiant, des manières peu obligeantes, une humeur désagréable et dont les officiers se plaignaient. Mais le général de Rochambeau reste, en somme, une belle figure de l'ancienne armée.

On retrouve aussi La Fayette, à l'aurore de sa gloire, dans plusieurs passages : « Ce jour-là (17 septembre 1781, un peu avant la prise d'York) et les jours suivants, je travaillai beaucoup avec M. de La Fayette, qui voulait bien concourir avec moi à l'approvisionnement de nos troupes (1). Il est dif-

(1) La Fayette était alors général au titre américain et non français.

ficile de mettre plus de suite, de patience et d'honnêteté dans la discussion des affaires. Il me rappelait Scipion l'Africain en Espagne; aussi jeune, aussi modeste que lui, il avait déjà la réputation d'un habile général; car la dernière campagne qu'il venait de faire, en se soutenant contre Cornwallis avec des forces inférieures, lui avait acquis beaucoup de gloire, et à juste titre. »

Si l'Amérique et les Américains de la guerre de l'indépendance constituent l'intérêt principal du journal, tout ce qui a rapport à l'organisation de nos troupes à cette date, à l'esprit et aux mœurs militaires d'alors n'est pas moins précieux à recueillir.

Dans ce *memento* d'un corps d'armée en expédition, apparaissent dans le cours naturel du récit les imperfections du passé, et par contre les progrès accomplis, par exemple dans le matériel et l'outillage militaires. Il fallait alors établir à demeure des fours de campagne, à proximité des campements; si l'on avançait, on courait les établir plus loin. On ne marchait pas vite d'ailleurs.

Il y avait dans les troupes certaines habitudes d'indiscipline et dans le commandement un laisser-aller qui choquent nos idées actuelles; et cependant le corps d'armée du général de Rochambeau, composé de troupes de choix, fut cité pour sa conduite exemplaire pour le temps. Le marquis de Custine (1), alors colonel d'un régiment, s'étant laissé aller à quelques emportements de paroles contre un de ses officiers,

(1) Qu'est devenu le journal de M. de Custine dont parle le manuscrit de M. Blanchard dans le passage suivant : « Ce jour-là, M. de Custine, qui venait de voyager dans l'intérieur de l'Amérique, me montra son journal et

celui-ci se tua ; la nouvelle s'en répandit au moment de la parade, où M. de Custine fut hué, insulté et menacé par ses soldats ; sans quelques officiers qui s'interposèrent, il lui serait arrivé pis, dit M. Blanchard. Il ne paraît pas qu'il y ait eu répression, en cette circonstance, de faits si graves d'insubordination. Des tumultes de ce genre ne causaient pas, ce semble, grand émoi à l'autorité supérieure.

Entre les officiers des divers grades, la hiérarchie était moins marquée qu'aujourd'hui. L'esprit militaire n'était pas alors ce qu'il est devenu depuis ; et, en réalité, on faisait alors la guerre moins sérieusement que de nos jours.

Veut-on évoquer le souvenir des pénalités disparues, et par là accentuer les dates et les changements survenus ? Un soldat français attaque un officier à coups de sabre ; il veut se tuer ensuite, mais il est pris, jugé et condamné à mort. Quelle mort ? Il a le poing coupé, puis il est pendu. Nous sommes à quelques années de 1789.

Ces soldats de Rochambeau, c'est notre race et notre sang, ce sont nos arrière-grands-pères ; et pourtant combien une armée française de ce temps-là, qui est si proche et si loin à la fois, diffère de notre armée actuelle, et d'allure, et d'esprit, et d'habitudes ! Rapprochés, ces hommes auraient certainement quelque difficulté à s'entendre et à se reconnaître, bien que le fond du caractère n'ait pas varié.

Nous disions en commençant que l'intervention française en Amérique n'avait tenté encore aucun historien contem-

le résultat de ses observations, qui me parurent fort sages et bien vues ? » Nous n'avons trouvé aucune trace de Mémoires du général de Custine sur la campagne d'Amérique.

porain. S'il s'en présentait un aujourd'hui qui s'emparât avec talent de ce sujet négligé bien à tort, nous n'aurions rien perdu à attendre. En effet, après un siècle bientôt de prodigieux changements, le moment serait sans doute excellent pour reprendre cet épisode important de notre action politique et militaire, et pour en donner un récit puisé aux documents originaux, et qui éveillerait à chaque pas l'intérêt de contrastes saisissants. On mettrait en parallèle, sous le rapport de l'organisation militaire, l'expédition de 1780 et quelque autre contemporaine de même importance; les moyens d'action, les dépenses, les procédés d'administration, les progrès en tous genres seraient comparés et donneraient lieu à de curieuses et utiles observations. Mais surtout on verrait dans ce tableau rétrospectif se lever l'aurore de ces États-Unis arrivés à un degré de développement sans exemple dans un si court espace de temps. Un siècle ne s'est pas encore écoulé, et ces 3 millions de colons anglais révoltés de 1780 sont devenus les 30 millions d'Américains qui tiennent dans le monde la place que l'on sait. Enfin on essayerait de se rendre compte du rôle extraordinaire de cette nation que nous avons contribué à fonder, dont nous avons été à vrai dire les parrains ; on rechercherait ses tendances, son rôle, son avenir. La formation des États-Unis n'a-t-elle pas pris, en effet, pour les moins clairvoyants, la proportion d'un événement dont l'importance égale celle de la Révolution française? On a lu dans un important document de ces derniers temps (la circulaire diplomatique de M. de La Valette du 16 septembre 1866) ces paroles dignes d'être méditées : « Tandis que les anciennes populations du continent, dans leurs territoires restreints, ne s'accroissent qu'avec une certaine lenteur, la république des États-Unis d'Amérique peut, avant un siècle, compter 100 millions d'hommes. »

On dira peut-être que l'indépendance des États-Unis était fatale, qu'elle se serait faite sans l'appui de la France ; à la longue sans doute, cela paraît probable. Mais si la France ne fût intervenue à propos, de son sang et de son or, on peut croire que le nouvel État serait retombé à ce moment et pour quelque temps encore sous le joug de sa métropole. Par suite, le développement de cette population, qui reçut tout son essor de la constitution américaine, en eût été retardé considérablement, et les États-Unis ne seraient pas parvenus aujourd'hui au point où nous les voyons.

Quoi qu'il en soit, il est singulier de voir la vieille monarchie française prêter son aide à la naissance de la société la plus opposée à ses principes et à ses traditions. C'est que tout concourt à servir la cause dont l'heure est venue. Ce jour-là, au reste, la royauté bourbonienne, entraînée par le sentiment national, fit un acte généreux et politique de la plus haute portée, et dont le souvenir ne saurait s'effacer des deux côtés de l'Atlantique.

Paris. — Typographie A. Hennuyer, rue du Boulevard, 7.

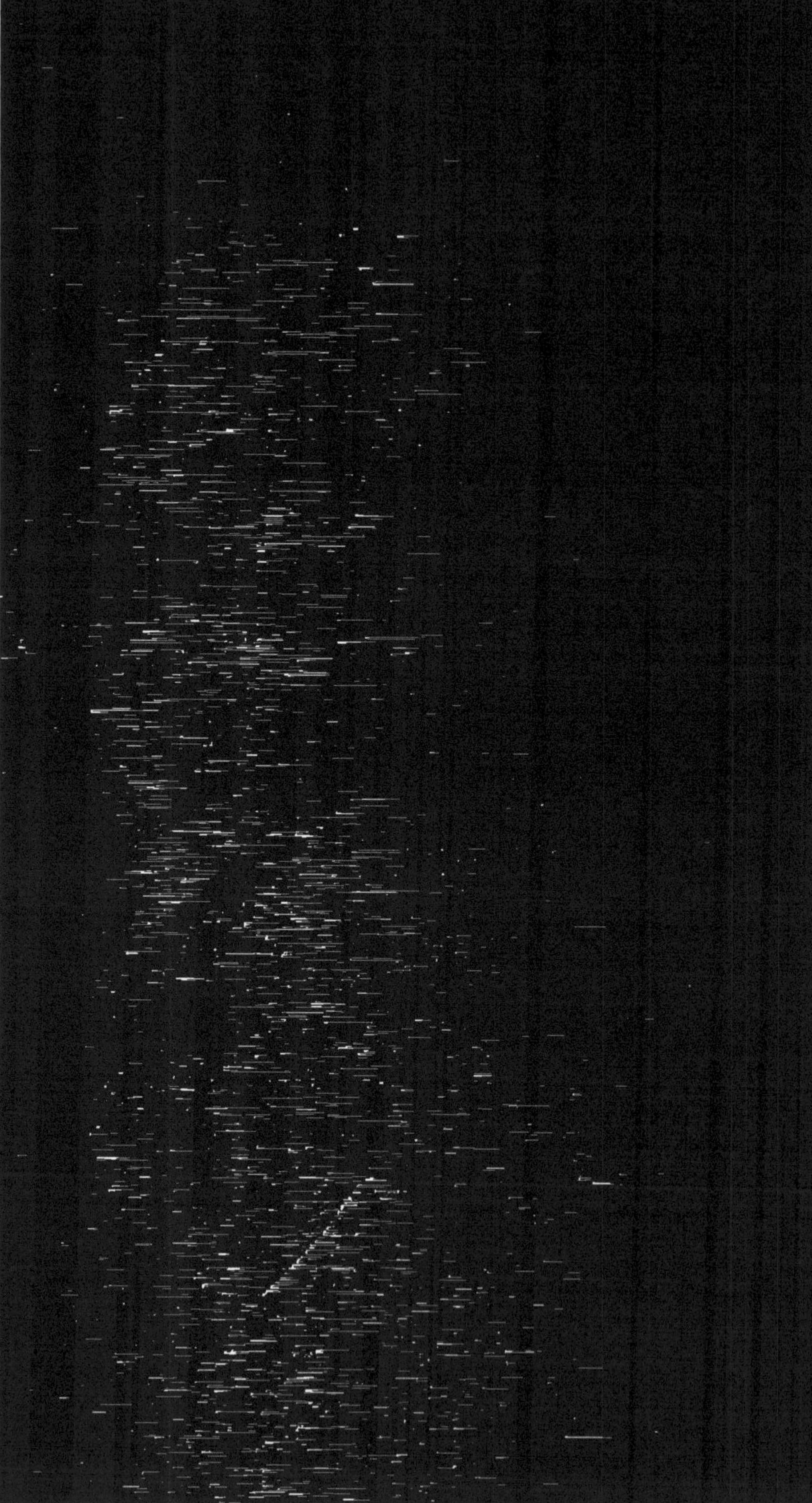

www.ingramcontent.com/pod-product-compliance
Ingram Content Group UK Ltd.
Pitfield, Milton Keynes, MK11 3LW, UK
UKHW020358250726
13967UKWH00005B/2352